SABIDURÍA PERENNE

FRASES INSPIRADORAS PARA MEJORAR TU VIDA

Para Eli.

Que ste libro te motive
y te aporte sabiduría.

SABIDURÍA PERENNE

Primera edición: mayo de 2023

Daniel Zaragoza

Edición y diseño: Daniel Zaragoza

Diseño portada: Daniel Zaragoza

info@danielzaragoza.com

www.danielzaragoza.com

ISBN: 9798394088414

ÍNDICE

Escucha a los maestros

la sabiduría está en todas partes.

Sólo hay que estar atento

y dispuesto a tomar acción.

La vida es para los valientes

Para Manuel.

Por ser un ejemplo de sabiduría, humildad y amistad.

NOTA DEL AUTOR

"En algún lugar de un libro hay una frase esperándonos para darle un sentido a nuestra existencia"
Miguel de Cervantes

En el año 2012 comencé mi carrera como autor y me tomé la lectura y el estudio como parte esencial de mi trabajo. Me convertí en un buscador de frases célebres e inspiradoras que aportan la sabiduría perenne que se transmite a través de la palabra desde el principio de los tiempos. Este libro es el fruto de cientos de lecturas buscando esas palabras transformadoras que pueden cambiar tu vida...

"Todas las buenas máximas están dichas, ahora sólo falta ponerlas en práctica"
Blaise Pascal

CAMBIO

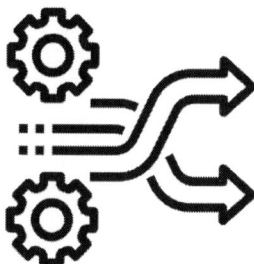

*"Todos quieren cambiar el mundo,
pero nadie quiere cambiarse a sí mismo"*
León Tolstói

*"Nadie puede convencer a otro de que cambie.
Cada uno de nosotros custodia una puerta del cambio
que solo puede abrirse desde dentro.
No podemos abrir la puerta de otro"*
Stephen Covey

*"No hay nada como volver a un lugar que no ha cambiado
para darte cuenta cuánto has cambiado tú"*
Nelson Mandela

*"No es la especie más fuerte la que prospera, ni la más
inteligente, sino la que se adapta mejor al cambio"*
Charles Darwin

"Quien abrace el cambio y se adapte prosperará, quien se resista al cambio, sufrirá y se quedará atrás"
Daniel Zaragoza

"Lo nuevo empieza, y lo nuevo será terrible para los que están apegados a lo viejo. ¿Qué vas a hacer?"
Hermann Hesse

"El mundo no lo mueven las personas con ideas, ya que todos las tienen. El mundo lo mueven los pocos dispuestos a hacer algo con ellas"
Anxo Pérez

"El que obra con determinación y voluntad, y puede mantener su posición a través del tiempo, pero entiende y sabe aceptar los cambios, vivirá después de su muerte"
Lao Tsé

"Estás a sólo una decisión de cambiar tu vida"
Wayne Dyer

"Comienza a ser ahora lo que serás de ahora en adelante"
William James

"Hay que chutar la pelota como viene"
Victor Küppers

"Quien no ha vivido lo feo y lo bonito,
no es un revolucionario"
Moyenei Valdés

"Una persona cambia por dos razones: por inspiración o
por desesperación. Es decir, porque ha aprendido
demasiado o porque ha sufrido lo suficiente"
Alan Watts

"El sabio puede sentarse en un hormiguero,
pero sólo el necio se queda sentado sobre él"
Proverbio chino

"La búsqueda de seguridad para evitar el riesgo
es la cosa más peligrosa que podemos hacer"
Robert T. Kiyosaki

"De lo que se trata no es de cambiar de pastor,
sino de dejar de ser ovejas"
Estanislao Zulueta

"Sé tú mismo; el resto de papeles ya están cogidos"
Oscar Wilde

"En el caso de esperar algo, espera sólo lo inesperado"
Joe Dispenza

"Nada ha cambiado, sólo yo he cambiado,
por lo tanto, todo ha cambiado"
Marcel Proust

"Los seres humanos están más vivos cuando viven en lo
desconocido, porque en ese lugar todo es posible"
Robin S. Sharma

"He descubierto que lo único con lo que puedes contar
realmente en la vida es con lo inesperado"
Robin S. Sharma

"No lo intentes, hazlo"
Yoda

"La gente que quiere una cura, siempre que sea sin dolor,
son como los que están a favor del progreso,
siempre que sea sin cambio"
Anthony de Mello

"Después de todo, el camino equivocado
siempre conduce a alguna parte"
George Bernard Shaw

*"La gente que dice que no se puede hacer
no debe interrumpir a los que lo están haciendo"*
George Bernard Shaw

*"El progreso es imposible sin cambio y los que no pueden
cambiar de opinión, no pueden cambiar nada"*
George Bernard Shaw

*"Si no te gusta como son las cosas, cámbialas.
No eres un árbol"*
Jim Rohn

*"Si no estás dispuesto a arriesgar lo inusual,
tendrás que acostumbrarte a lo ordinario"*
Jim Rohn

"Los pocos que hacen son la envidia de los que sólo ven"
Jim Rohn

"Nunca cambiarás lo que toleras"
Joel Osteen

*"Es mejor actuar y arrepentirse
que no actuar y arrepentirse"*
Maquiavelo

"El hombre que está demasiado cuajado para cambiar
ya está muerto. El funeral es un mero detalle"
Henry Ford

"Señor, concédenos la gracia de aceptar con serenidad las
cosas que no pueden cambiarse y el coraje de cambiar las
cosas que deberíamos cambiar, así como la sabiduría para
distinguir unas de otras"
Reinhold Niebuhr

"La gente quiere dejar de sufrir, pero no está dispuesta a
pagar el precio, o sea, cambiar"
Alejandro Jodorowsky

"El mayor fracaso, de lo que te arrepientes toda la vida, es
no intentar aquello que deseas con toda tu alma"
Sebastián Álvaro

"Los náufragos no eligen puerto"
Jacinto Benavente

CREATIVIDAD

*"El mayor hábito que debemos dejar
es el de ser el mismo de siempre"*
Joe Dispenza

*"Se ríen de mí porque soy diferente.
Yo me río de ellos porque son todos iguales"*
Kurt Kobain

*"Un ser humano con una idea nueva es un loco
hasta que su idea triunfa"*
Mark Twain

"Lo diferente no deja indiferente"
Daniel Zaragoza

"Existe gente que está tan llena de sentido común que no le queda el más pequeño rincón para el sentido propio"
Miguel de Unamuno

"Aprende las reglas como un profesional para poder romperlas como un artista"
Pablo Picasso

"La creatividad es ver lo que todo el mundo ha visto y pensar en lo que nadie había pensado"
Albert Einstein

"La creatividad es inteligencia divirtiéndose"
Albert Einstein

"Sólo los que intentan lo absurdo pueden lograr lo imposible"
Albert Einstein

"No hay nada más poderoso que una idea a la que le ha llegado su momento"
Víctor Hugo

"La necesidad de producir una gran obra de arte hace que sea difícil producir arte de ningún tipo"
Julia Cameron

"Es mejor crear que aprender.
La creación es la esencia de la vida"
Julio César

"Prestándoles atención a los locos
se hacen los grandes descubrimientos"
Julio Verne

"Cuando te encuentres en el lado de la mayoría,
es momento de parar y reflexionar"
Mark Twain

"Cuando la inspiración no viene a mí,
hago medio camino para encontrarla"
Sigmund Freud

"La normalidad es un camino pavimentado;
es cómodo para caminar, pero no crecen flores en él"
Vincent Van Gogh

"A la mayoría de las personas que han cambiado el
mundo para mejorarlo les han dicho: "Sé realista"
Alan Cohen

"Cuando aparece un verdadero genio, puedes reconocerlo por este signo: todos los zopencos se unen en su contra"
Jonathan Swift

"El que no posee el don de maravillarse ni de entusiasmarse más le valdría estar muerto, porque sus ojos están cerrados"
Einstein

"Tengo una pregunta que a veces me tortura: estoy loco yo o los locos son los demás"
Einstein

DECISIÓN Y DUDA

"¿Qué es, en realidad, el hombre? Es el ser que siempre decide lo que es. Es el ser que ha inventado las cámaras de gas, pero asimismo es el ser que ha entrado en ellas con paso firme musitando una oración"
Victor Frankl

"En todo momento el hombre debe decidir, para bien o para mal, cuál será el monumento de su existencia"
Victor Frankl

"Haz lo que tengas que hacer resueltamente, con todo tu corazón. El viajero que duda, únicamente levanta polvo en el camino"
Buda

"Quien piensa que todo es difícil acabará sin hacer nada"
Lao Tsé

"El que conoce lo que quiere, sabe que es capaz,
va a por ello y está dispuesto a hacer
lo que sea necesario, lo logra"
Daniel Zaragoza

"La gente que se realiza, la gente que vive a los más altos
niveles, es gente que debe ser lo que puede ser, que debe
ser lo que potencialmente puede ser"
Abraham Maslow

"Tengo que hacerlo porque puedo"
Daniel Zaragoza

"A veces tomas la decisión correcta.
A veces haces que la decisión sea correcta"
Phil McGraw

"Con las circunstancias que me rodean y los
conocimientos y los medios que poseo,
¿qué puedo hacer AHORA?"
Daniel Zaragoza

"Cuando todo parezca estar en tu contra, recuerda que los
aviones despegan con el aire en contra, no a favor"
Henry Ford

*"Si ya sabes lo que tienes que hacer y no lo haces,
entonces estás peor que antes"*

Confucio

"No hay viento bueno para el que no sabe dónde va"

Séneca

*"Esto lo hago porque quiero, no por tener que pagar las
facturas, ni por complacer a nadie, lo hago porque lo he
elegido yo y es lo que siento y me hace feliz".
El día que todo el mundo pueda decir eso, dejaremos de
ser esclavos para convertirnos en personas libres"*

Daniel Zaragoza

*"Quien insiste en ver con diáfana claridad
antes de decidirse, nunca se decide"*

Henri Fréderic

"Jugar sobre seguro no es jugar"

Robert Altman

*"El camino que se elige es siempre el correcto,
lo correcto está en la elección, no en el acierto"*

Jorge Bucay

"Cuando tengo que elegir entre dos males, siempre me gusta probar el que no he probado antes"
Mae West

"Apunta a la luna. Incluso si fallas, caerás entre las estrellas"
Les Brown

"Lo imposible es el fantasma de los tímidos y el refugio de los cobardes"
Napoleón

"Nada es más difícil, y por lo tanto más preciado, que poder decidir"
Napoleón

"El mundo está dividido en dos clases: aquellos que creen lo increíble y aquellos que hacen lo improbable"
Oscar Wilde

"Dicen: piensa dos veces antes de saltar. Yo digo: salta primero y luego piensa todo lo que quieras"
Osho

"La más pequeña de las acciones es siempre mejor que la más noble de las intenciones"
Robin S. Sharma

"La victoria no se obtuvo en los últimos metros de altura que teníamos ante nosotros. Se obtuvo en el momento en que dimos el primer paso hacia lo desconocido"
Peter Habeler

"La peor decisión es la indecisión"
Benjamín Franklin

"La fe es dar el primer paso, incluso cuando no ves la escalera entera"
Martin Luther King

EDUCACIÓN

*"Es mucho más eficaz educar a un niño
que arreglar a un adulto"*
Antonio Blade

*"Una persona que no lee no tiene ninguna ventaja
sobre una persona que no sabe leer"*
Mark Twain

*"Los hombres de éxito tienen grandes bibliotecas;
el resto, grandes televisores"*
Jim Rohm

*"Leer es como subir a una montaña, te hace alto, grande,
poderoso, tener una visión global. Y no leer es como estar
en una fosa: todo el mundo está por encima de ti
y tu visión está mermada"*
José Luis Velázquez Rodríguez

"Vive como si fueras a morir mañana.
Aprende como si fueras a vivir siempre"
Mahatma Gandhi

"La educación es el arma más poderosa que
puedes usar para cambiar el mundo"
Nelson Mandela

"Si piensas en términos de un año, planta una semilla;
en términos de diez años, planta árboles;
en términos de cien años, enseña a la gente"
Confucio

"Encuentro la televisión muy educativa. Cada vez que
alguien la enciende, voy a otra habitación y leo un libro"
Groucho Marx

"El que lee mucho y anda mucho,
ve mucho y sabe mucho"
Miguel de Cervantes

"La clave del aprendizaje no es cuánta información entra,
sino cuánta de la que entra se queda dentro"
Anxo Pérez

*"Nos han enseñado a creer que negativo equivale a
realista y que positivo equivale a poco realista"*
Susan Jeffers

*"Frecuentemente hay más que aprender
de las preguntas inesperadas de los niños
que de los discursos de los hombres"*
John Locke

"La experiencia es la maestra de todas las cosas"
Julio César

*"La necesidad es el maestro que enseña mejor
y de quien mejor se aprenden las lecciones"*
Julio Verne

*"Es lo que lees cuando no tienes que hacerlo,
lo que determina lo que serás cuando no puedas evitarlo"*
Oscar Wilde

*"Un niño puede enseñar a un adulto tres cosas:
ser feliz sin razón, estar ocupado siempre con algo
y saber cómo demandar con toda su voluntad lo que sea"*
Paulo Coelho

*"El problema de los colegios es que te dan la respuesta
y después te dan el examen. Así no es la vida"*
Robert Kiyosaki

*"La civilización comenzó el primer momento en que
un hombre cabreado lanzó una palabra
en lugar de una roca"*
Sigmund Freud

*"Si no se puede resumir una idea
es que no se ha entendido"*
David Valois

"Progresarás tanto como sepas comunicarte"
David Valois

*"Lee todos los días. Como si tu vida dependiera de ello.
Porque depende"*
David Valois

*"Los hombres satisfacen más sus mentes averiguando las
cosas por sí mismos que apilando todas las cosas
que algún otro ha descubierto"*
Henry Ford

"Enseñas mejor lo que más necesitas aprender"
Richard Bach

"Aprender es descubrir lo que ya sabes. Actuar es demostrar que lo sabes. Enseñar es recordar a los demás que saben tanto como tú. Sois todos aprendices, ejecutores y maestros"

Richard Bach

"El que aprende y aprende y no practica lo que sabe, es como el que ara y ara y no siembra"

Platón

"Si piensas que la educación es cara, prueba con la ignorancia"

Benjamin Franklin

"Siempre que enseñes, enseña a dudar de lo que enseñes"

José Ortega y Gasset

"Lee y conducirás, no leas y serás conducido"

Santa Teresa de Jesús

"Me lo contaron y lo olvidé; lo vi y lo entendí; lo hice y lo aprendí"

Confucio

"La memoria es la inteligencia de los tontos"

Einstein

ÉXITO

"Y si unes un férreo compromiso, con una determinación
inquebrantable y una visión clara,
tienes la fórmula del éxito"
Daniel Zaragoza

"Es mejor un éxito chapucero que un fracaso perfecto"
Lain García Calvo

"La satisfacción que algo te da es proporcional
al número de días que anhelaste conseguirlo"
Anxo Pérez

"Si avanza usted con seguridad en la dirección de sus
sueños, si intenta vivir la vida que ha imaginado,
dará con un éxito inesperado en tiempos normales"
Thoreau

"Fracasado es aquél que se la pasa luchando contra lo que la vida le da. Persona de éxito es la que aprovecha todas las oportunidades que tiene para servir y es capaz de ser feliz con lo que tiene y siempre tiene lo necesario para ser feliz"

Gerardo Schmedling

"Aquellos que no encuentran excusas para fracasar son los mismos que encuentran motivos para triunfar"

Anxo Pérez

"Sin autocrítica no se alcanza la excelencia. Con envidia no se logra el éxito"

Lao Tsé

"No conozco la clave del éxito, pero sé que la clave del fracaso es tratar de complacer a todo el mundo"

Woody Allen

"El 90% del éxito se basa simplemente en insistir"

Woody Allen

"El aplazamiento es el asesino de la oportunidad"

Oscar Wilde

"Jamás nadie se ha hecho pobre por dar"

Ana Frank

*"Para tener más de los que deseas en la vida,
primero debes ser más de lo que realmente eres"*
Robin S. Sharma

*"La grandeza proviene de reconocer que tu potencial sólo
está limitado por cómo eliges, cómo usas tu libertad,
cuan resuelto eres y cuan persistente; en una palabra,
por tu actitud. Y todos tenemos la libertad de escoger
nuestra actitud"*
Peter Koestenbaum

"Donde hay ruina, hay esperanza para un tesoro"
Rumi

*"Llevo veinte años meditando, pero hasta el día de hoy,
jamás me cayó una bolsa de dinero
en la cabeza mientras meditaba"*
T. Harv Eker

*"Es mejor merecer honores y no tenerlos,
que tenerlos y no merecerlos"*
Mark Twain

*"Si quieres ser el mejor, tienes que hacer cosas
que otras personas no están dispuestas a hacer"*
Michael Phelps

"Para ser exitoso tienes que ser egoísta o nunca conseguirás nada. Y una vez que llegues al nivel más alto, tienes que ser generoso. Mantenerte en contacto. No aislarte"
Michael Jordan

"Si la gente supiera lo duro que tuve que trabajar para obtener mi maestría, no parecería tan maravillosa en absoluto"
Michelangelo

"El éxito llega a quienes están dispuestos a trabajar un poco más duro que el resto"
Og Mandino

"Los hombres no fracasan, renuncian a seguir intentándolo"
Og Mandino

"Los dos requerimientos más importantes para el éxito son: primero, estar en el lugar correcto en el momento adecuado; y segundo, hacer algo sobre ello"
Ray Kroc

"Los perdedores abandonan cuando fracasan. Los ganadores fracasan hasta que ganan"
Robert Kiyosaki

"Lo que siempre digo a la gente es esto:
si evitas el fracaso, también evitas el éxito"
Robert Kiyosaki

"A veces el éxito no se trata de tomar la decisión correcta,
sino de tomar alguna decisión"
Robin S. Sharma

"Sueña en grande. Comienza en pequeño. Actúa ahora"
Robin S. Sharma

"La inmortalidad significa ser amado
por mucha gente anónima"
Sigmund Freud

"Ganar no lo es todo, pero sí querer ganar"
Vince Lombardi

"El único lugar donde el éxito viene antes del trabajo
es en el diccionario"
Vince Lombardi

"El éxito consiste en ir de fracaso en fracaso
sin perder el entusiasmo"
Winston Churchill

*"Un pesimista ve dificultades en cada oportunidad;
un optimista ve oportunidades en cada dificultad"*
Winston Churchill

*"No es lo que tienes, es lo que usas
lo que marca la diferencia"*
Zig Ziglar

*"La herencia de nuestros antepasados conforman
el modelo de nuestros logros"*
Malcolm Gladwell

*"La práctica no es lo que uno hace cuando es bueno.
Es lo que uno hace para volverse bueno"*
Malcolm Gladwell

*"El éxito es conseguir lo que quieres en la vida. El éxito no
es popularidad, ni salir en la tele, ni un montón de dinero
en el banco. Éxito es vivir la clase de vida que quieres"*
Raimon Samso

*"Parece que el éxito consiste fundamentalmente
en seguir cuando otros han abandonado"*
William Feather

"Es mejor acostarse sin cenar que levantarse con deudas"
Benjamín Franklin

"La pereza viaja tan despacio
que la pobreza no tarda en alcanzarla"
Benjamín Franklin

FELICIDAD

*"El secreto de la felicidad no es hacer siempre lo que se
quiere sino querer siempre lo que se hace"*
León Tolstói

*"El propósito de la vida no es ser feliz.
Es ser útil, ser honorable, ser compasivo,
hacer que se note que has vivido y has vivido bien"*
Ralph Waldo Emerson

*"La felicidad consiste en poner de acuerdo
tus pensamientos, tus palabras y tus hechos"*
Gandhi

*"El pájaro canta porque es feliz,
pero también es feliz porque canta"*
William James

"Si buscas la perfección nunca estarás contento"
León Tolstói

"Si quieres aprender, lee.
Si quieres conocerte, escribe.
Si quieres valorar lo importante, viaja.
Si quieres ser feliz, ama"
Daniel Zaragoza

"Qué felices serían los campesinos
si supieran que son felices"
Publio Virgilio

"Cuando te preguntas si eres feliz es que no lo eres"
Krishnamurti

"Serás feliz en la misma medida que seas de ayuda"
Karl Reiland

"La única manera de evitar ser desgraciado es no tener
suficiente tiempo libre para preguntarse si eres feliz o no"
George Bernard Shaw

"La felicidad es cuando lo que piensas,
dices y haces están en armonía"
Gandhi

*"Si tu felicidad depende de lo que otra persona hace,
supongo que tienes un problema"*
Richard Bach

*"Me parece que todo lo que está a la luz y en el aire
debería ser feliz; quien no esté en su ataúd y en la tumba
oscura, que sepa que ya tiene bastante"*
Walt Whitman

Ikigai: "la felicidad de estar siempre ocupado"

*"Una persona feliz está demasiado satisfecha con el
presente como para pensar en el futuro"*
Einstein

*"He tenido la satisfacción de elegir mis pasos,
de vivir como quiero vivir,
que me interesa mucho más que ser feliz"*
Miriam García Pascual

"¿Preferirías tener razón a ser feliz?"
Un curso de milagros

*"Necesitas más energía para destrozarte a ti mismo
que para construir un poco de felicidad"*
Jiddu Krishnamurti

*"El secreto de la felicidad no se encuentra
en la búsqueda de más, sino en el desarrollo
de la capacidad para disfrutar de menos"*
Sócrates

JUSTICIA

"Qué injusta es la justicia de los justos
en una sociedad injusta"
Daniel Zaragoza

"Ojo por ojo y todo el mundo acabará ciego"
Gandhi

"Tu libertad termina cuando es otro quien la juzga"
Daniel Zaragoza

"El mejor gobierno es el que gobierna menos"
Thoreau

"La ley nunca hizo a los hombres más justos"
Thoreau

"Nunca olvides que todo lo que hizo Hitler era legal"
Martin Luther King

"Destruir una vida ajena en pro de la justicia es como lo que haría una persona que para enmendar la desgracia de haber perdido una mano, se cortara la otra en un acto de justicia"
León Tolstói

"Culpar a los demás no es más que disculparse a uno mismo"
Robin S. Sharma

"Cuando apuntamos a otras personas con el dedo, otros tres dedos nos apuntan a nosotros"
Robin S. Sharma

"La grandeza de una nación puede ser juzgada por el modo en que trata a sus animales"
Gandhi

"Llega el momento en que el silencio es traición"
Martin Luther King

"La buena conciencia es la mejor almohada para dormir"
Sócrates

*"La obra maestra de la injusticia
es parecer justo sin serlo"*

Platón

*"La peor nación es la que tiene muchas leyes; la existencia
de numerosas leyes significa que los ciudadanos sienten la
necesidad de someterse a limitaciones externas, en lugar
de confiar en su propia fortaleza interna"*

Rousseau

*"La economía mundial es la más eficiente expresión
del crimen organizado"*

Eduardo Galeano

LA MENTE

"Nosotros somos lo que pensamos. Todo lo que somos lo somos por nuestros pensamientos. Y con nuestros pensamientos, construimos nuestro mundo"
Buda

"Los hombres no son prisioneros del destino, sino sólo prisioneros de sus propias mentes"
Roosevelt

"Cuida tus pensamientos,
porque se convertirán en tus palabras.
Cuida tus palabras, porque se convertirán en tus actos.
Cuida tus actos, porque se convertirán en tus hábitos.
Cuida tus hábitos, porque se convertirán en tu destino"
Mahatma Gandhi

"La imaginación es más importante que los hechos"
Einstein

"El mayor descubrimiento de mi generación es que los seres humanos pueden alterar su vida modificando su disposición de ánimo... Si cambias tu forma de pensar, puedes cambiar tu vida"

William James

"Tanto si piensas que puedes como si piensas que no puedes, estás en lo cierto"

Henry Ford

"La experiencia central de la creatividad es mística. Al abrir nuestras mentes a lo que se debe crear, entramos en contacto con nuestro creador"

Julia Cameron

"TÚ eres el amo de tu mente, y cuando dominas tu mente, TÚ eres el amo de tu destino"

Daniel Zaragoza

"Así como el arquero talla y pone sus flechas rectas, el maestro dirige sus pensamientos descarriados"

Buda

"Lo que la mente del hombre pueda concebir y creer, también lo puede lograr"

Napoleón Hill

"Como él piensa dentro de sí, así es él"
Proverbios 23:7

*"Siempre eres tú con tus pensamientos, palabras,
acciones, creencias y emociones
el que crea lo que ocurre en tu vida.
Eres TÚ el que con tus dudas, malos pensamientos
y mala energía se interpone entre tus deseos y tú"*
Daniel Zaragoza

"La mente lo es todo. Lo que pienses, en eso te conviertes"
Buda

*"La mente precede a todos los fenómenos, la mente es lo
más importante, todo es hecho por la mente. Si hablas o
actúas con una mente impura, entonces te seguirá el
sufrimiento. Tal como la rueda sigue la pata del animal de
tiro. Si hablas o actúas con una mente pura, entonces, te
seguirá la felicidad como sombra que nunca se va"*
Buda

*"Lo que un hombre piensa de sí mismo, más que cualquier
otra cosa, es lo que determina su destino"*
Thoreau

"Quienes pueden, pueden porque piensan que pueden"
Publio Virgilio

*"Pensar es fácil, actuar es difícil, y poner los pensamientos
en acción es la cosa más difícil del mundo"*
Goethe

"Lo que te preocupa, te controla"
John Locke

*"He conocido muchos problemas, pero la mayoría de ellos
jamás sucedieron"*
Mark Twain

*"El cinco por ciento de la gente piensa; el diez por ciento
de la gente piensa que piensa; y el otro ochenta y cinco
por ciento preferiría morir antes que pensar"*
Edison

*"Pensar siempre en lo siguiente, pensar siempre en tratar
de hacer algo más, promueve un estado de ánimo en el
que nada es imposible"*
Henry Ford

LA SUERTE

"Suerte es lo que sucede cuando la preparación y la oportunidad se encuentran y fusionan"

Voltaire

"Triunfa en el mundo quien se levanta y busca las circunstancias y las crea si no las encuentra"

George Bernard Shaw

"Cuanto más entreno, más suerte tengo"

Larry Bird

"A menudo las personas que aman lo que hacen se describen a sí mismas como afortunadas. Las personas que creen que no han logrado el éxito en su vida a menudo dicen que han tenido mala suerte"

Ken Robinson

"¿Qué tienen en común las personas que creen que tienen suerte? ¡Qué ellos crean su suerte!"
Daniel Zaragoza

"La suerte favorece solo a la mente preparada"
Isaac Asimov

"La suerte ayuda a los valientes"
Publio Terencio

*"La suerte no existe,
el trabajo es lo único que da frutos"*
Vince Lombardi

"Los Valientes no tienen suerte, la crean"
Daniel Zaragoza

*"CREA tu suerte, CREE que tienes suerte
y CREA que otros te deseen suerte"*
Daniel Zaragoza

*"Aquellos que usan a menudo la palabra imposible
tienen muy poca suerte en la vida"*
Tomás Carlyle

"Muchas personas piensan que tener talento es una suerte, pocas sin embargo piensan que la suerte puede ser cuestión de talento"
Jacinto Benavente

"La suerte es el pretexto de los fracasados"
Pablo Neruda

"He sido un hombre afortunado en la vida, nada me resultó fácil"
Sigmund Freud

"Me he dado cuenta que la gente que afirma que todo está predestinado y que no podemos hacer nada, mira antes de cruzar la carretera"
Stephen Hawking

"Muchos son los que quieren tener buena suerte, pero pocos los que deciden ir a por ella"
Alex Rovira

"A los que solo creen en el azar, crear circunstancias les resulta absurdo, a los que se dedican a crear circunstancias el azar no les preocupa"
Alex Rovira

LA VERDAD

*"Las palabras sinceras no son agradables,
las palabras agradables no son sinceras"*

Lao Tsé

*"Tres cosas no se pueden esconder:
el Sol, la Luna y la Verdad"*

Buda

*"Solo hay dos errores que uno puede cometer a través del
camino a la verdad; no avanzar todo el camino
y no empezarlo"*

Buda

*"Cuando todas las ilusiones desaparecen, si esto no es la
realidad, entonces, ¿qué más esperas?"*

Surangama Sutra

*"Primero tienes que creer que lo haces tú todo,
para luego darte cuenta de que en realidad
no tienes que hacer nada"*
                                    Daniel Zaragoza

*"En tiempos de engaño universal, decir la verdad
es un acto revolucionario"*
                                    George Orwell

*"Integridad es hacer lo correcto
aunque nadie esté mirando"*
                                    Jim Stovall

*"Si cerráis la puerta a todos los errores,
la verdad quedará afuera"*
                                    Tagore

*"Si cuentas la verdad,
no tienes que recordar nada"*
                                    Mark Twain

*"Si deseas ver la verdad, no mantengas ninguna opinión
a favor o en contra"*
                                    Osho

*"Cree a los que buscan la verdad;
duda de los que la han encontrado"*

André Gilde

*"Cuando estés en duda,
di la verdad"*

Mark Twain

*"El respeto por la autoridad
es el mayor enemigo de la verdad"*

Einstein

*"Hay dos cosas infinitas:
el Universo y la estupidez humana.
Y del Universo no estoy seguro"*

Einstein

LA VIDA

"Quien tiene un por qué para vivir,
encontrará casi siempre el cómo"
Friedrich Nietzsche

"La vida es como visitar al dentista.
Se piensa siempre que lo peor está por venir,
cuando en realidad ya ha pasado"
Bismarck

"No importa que no esperemos nada de la vida,
sino si la vida espera algo de nosotros"
Victor Frankl

"La VIDA con mayúsculas es para los VALIENTES"
Daniel Zaragoza

"Hay muchos tipos de conocimiento, pero el más importante es el de cómo hay que vivir"
León Tolstói

"Si tú no te defines a ti mismo, la vida te va a definir a ti"
Lain García Calvo

"No se puede encontrar la paz evitando la vida"
Virginia Woolf

"¡Sólo tienes una vida para vivir! Esto no es como un videojuego donde si pierdes la vida puedes intentarlo de nuevo... ¡Elije vivir ahora!"
Daniel Zaragoza

"Tú eres como quieres ser. Elige los hábitos que quieres ser en la vida. Si quieres ser una persona valiosa, ten hábitos valiosos"
Victor Küppers

"El principal problema de la humanidad es que se cree que tiene tiempo"
Buda

"La vida es lo que sucede mientras estás haciendo otros planes"
Jhon Lennon

"Lo importante en la vida es aquello que no te pueden robar: las personas, el conocimiento, las experiencias"
Anxo Pérez

"La calidad, no la longevidad de la vida es lo que es importante"
Martin Luther King

"Pues del mismo modo en que el material del carpintero es la madera, y el del escultor, el bronce, el objeto del arte de vivir es la propia vida de cada cual"
Epicteto

"Con la vida ocurre lo mismo que con los chistes, no es lo que duren sino lo que hagan reír"
Anthony de Mello

"La vida es como pintar un cuadro no como hacer una suma"
Oliver Wendell Holmes

"La vida se hace más fácil cuando te das cuenta de que no tienes que tratar con más de un momento cada vez"
Thich Nhat Hanh

"La vida, por sí misma, te traerá dolor.
Tu responsabilidad es crear alegría"
Milton Erickson

"Todavía nos quedaba mucho camino.
Pero no nos importaba: la carretera es la vida"
Jack Kerouac

"La vida es una aventura, no un viaje programado"
Eckhart Tolle

"¿No es raro que las personas pasen su vida entera
a la espera de empezar a vivir?
Eckhart Tolle

"Vive tu vida como una exclamación
en lugar de una explicación"
Isaac Newton

"Vivamos de manera de que cuando muramos,
incluso el enterrador se arrepienta"
Mark Twain

"Disfruta mientras vivas, porque estarás muerto
un montón de tiempo"
Proverbio escocés

"La vida es para llevar el cuerpo a sus límites, para expandirlos, usar nuestras capacidades, pues así sorprenderemos a la muerte cuando llegue, porque entonces nos encontrará gastados, usados, descosidos, maltrechos, y no tendrá mucho que llevarse sino los desechos de una vida vivida con intensidad"
René Méndez

"Todas las cosas que nos hacen disfrutar en plenitud pueden hacernos sufrir enormemente, no podemos pretender disfrutar sin estar dispuestos a sufrir proporcionalmente. Así es el amor, la pasión por las montañas o por lo que sea, así es la vida"
Juanjo San Sebastián

"Aquel que sólo está preocupado por vivir olvida fácilmente disfrutar de la vida"
Max Stirner

"La vida pertenece a todas aquellas personas que, incluso en la adversidad, tienen algo nuevo e interesante que ofrecer"
José Mari Azpiazu

"Lo menos frecuente en este mundo es vivir. La mayoría de la gente existe, eso es todo"
Oscar Wilde

"La vida es como montar en bicicleta. Si quieres mantener el equilibrio no puedes parar"

Einstein

"Lo mejor es salir de la vida como de una fiesta: ni sediento ni bebido"

Aristóteles

"El aforismo: lo que un hombre piensa en su corazón, es lo que es, contiene el secreto de la vida"

Bruce Lee

"La clave de la inmortalidad es principalmente vivir una vida que valga la pena recordar"

Bruce Lee

"La vida es una obra de teatro que no permite ensayos... Por eso, canta, ríe, baila, llora y vive intensamente cada momento de tu vida... Antes que el telón baje y la obra termine sin aplausos"

Charles Chaplin

"Todos somos aficionados. La vida es tan corta que no da tiempo para más"

Charles Chaplin

LIBERTAD

"La última de las libertades humanas:
la capacidad de elegir la actitud personal
ante un conjunto de circunstancias"
Victor Frankl

"Todos vivimos en jaulas con la puerta abierta"
George Lucas

*"El peor de los esclavos
es el que piensa que es libre"*
Platón

"La verdad os hará libres"
Jesús de Nazaret

"El que no es dueño de sí mismo
está condenado a obedecer"
Friedrich Nietzsche

"Es libre el que vive según su elección"
Epicteto

"La libertad consiste, no tanto en poder conseguir en cada
momento lo que quiere, sino en perseguir en cada
momento lo que él cree que es su camino, lo consiga o no,
y en dar sentido a todo lo que sucede..."
José Luis Sampedro

"Libérate de los apegos. Si eres feliz a expensas de la
felicidad de otro, estás atado para siempre"
Buda

"El buen maestro es el que provoque en ti tu propia visión,
no la copia de la suya; el que te haga percibir por ti mismo
lo que él no percibiría nunca. No te empeñes en ser lo que
no eres, sino en alcanzar lo que eres"
José Luis Sampedro

"El hombre nace libre,
pero en todos lados está encadenado"
Rousseau

"He anhelado el ideal de una sociedad libre y democrática en la que todas las personas vivan juntas en armonía y con igualdad de oportunidades. Es un ideal por el que espero vivir y que espero lograr. Pero si es necesario, es un ideal por el que estoy dispuesto a morir"
Nelson Mandela

"El trabajo sin amor es esclavitud"
Teresa de Calcuta

"El hombre civil vive y muere en esclavitud. Está encadenado a objetos externos, de forma que incluso las necesidades que él considera necesarias para su existencia no son más que los productos artificiales de su entorno corrompido"
Rousseau

"Nunca tantos han sido manipulados por tan pocos"
Winston Churchill

"Si no existieran estos medios externos de evasión, la mitad de la gente se pegaría un tiro inmediatamente, porque vivir en contradicción con tu raciocinio es una situación insoportable"
León Tolstói

"Uno es dueño de lo que calla y esclavo de lo que habla"
Sigmund Freud

*"La libertad nunca se da voluntariamente por el opresor;
se debe demandar por el oprimido"*

Martin Luther King

*"Los seres humanos no pueden ser completamente
humanos sin libertad"*

Huxley

*"El hombre es el artífice de su propio destino, en el
sentido de que es libre para escoger la manera con que va
a usar de su libertad. Pero el resultado
se le escapa de las manos"*

Gandhi

*"El pájaro nacido en una jaula cree
que volar es una enfermedad"*

Jodorowsky

*"Los verdaderos líderes deben estar dispuestos a sacrificar
todo por la libertad de su pueblo"*

Nelson Mandela

*"Cuando a un hombre se le niega el derecho a vivir la vida
en la que él cree, no tiene más remedio que
convertirse en un proscrito"*

Nelson Mandela

"En los últimos tiempos se ha vuelto cada vez más evidente que la liberación de los hombres se logrará precisamente a través de la liberación individual"

Tolstói

"Si un hombre piensa con libertad, sueña con libertad e imagina con libertad, nunca le va a parecer que es aquello que no es, y ni los gobernantes ni los reformadores ineptos podrán en realidad coaccionarle"

Thoreau

"La libertad del individuo no es un regalo de la civilización. Era mayor antes de haber cualquier civilización"

Sigmund Freud

"El hombre moderno siempre está en contradicción consigo mismo. Esta situación de conflicto interno se manifiesta claramente en su continua ansiedad e inseguridad; como pretende en vano lograr una meta que es incompatible con su verdadera naturaleza, jamás llega a encontrar una satisfacción genuina, y está constantemente sometido a la inseguridad y al desasosiego"

Rousseau

"Lo que se obtiene con violencia, solamente se puede mantener con violencia"

Gandhi

"El dinero que elimina necesidades, libera.
El que las crea, esclaviza"

Anxo Pérez

"La libertad significa responsabilidad. Es por ello que la
mayoría de los hombres la temen"

George Bernard Shaw

"La libertad del individuo no es un regalo de la civilización.
Era mayor antes de haber cualquier civilización"

Sigmund Freud

"El hombre es el artífice de su propio destino, en el
sentido de que es libre para escoger la manera con que va
a usar de su libertad. Pero el resultado se le escapa
de las manos"

Gandhi

"La mejor manera de que un prisionero no escape,
es asegurarse de que nunca sepa que está en prisión"

Dostoyevski

"Vivir es asumir la responsabilidad de decidir, y en el
ejercicio de esa responsabilidad reside la libertad"

Alex Rovira

*"Todo condicionamiento se dirige a lograr que la gente
ame su inevitable destino social"*
Aldous Huxley

*"Si los hombres empezaran a obrar por su cuenta, todo el
orden social se vería trastornado"*
Aldous Huxley

*"Una civilización no puede ser duradera sin contar con
una cantidad de vicios agradables"*
Aldous Huxley

*"Lo que se llama resignación es
desesperación confirmada"*
Thoreau

PROPÓSITO

"La grandeza de un líder no se mide por el tamaño de su ego, sino por la altura del propósito al que sirve"
Martin Luther King

"Creer en algo y no vivir para ello es deshonesto"
Mahatma Gandhi

"Cumple con tu deber, por humilde que sea, en lugar de realizar el de otro, por grande que sea. Morir cumpliendo el propio deber es la vida, vivir cumpliendo el de otro es la muerte"
Bhagavad Gita

"No hay viento bueno para quien no sabe dónde va"
Séneca

"Ahora descubrí que muchos, casi todos los hombres, eran capaces de morir por un ideal; pero tenía que ser un ideal colectivo y transmitido, y no personal, y libremente elegido"

Hermann Hesse

"Sigue tu sueño, no las reglas"

Dean Karnazes

"Cuanto más alto coloque el hombre su meta, tanto más crecerá"

Friedrich von Schiller

"Cuando te vas de este mundo no te llevas nada, pero lo que puedes dejar es mucho"

Carlos Slim

"Puedo enseñarle a cualquier persona cómo conseguir lo que quiere en la vida. El problema es que no puedo encontrar a quien pueda decirme qué es lo que quiere"

Mark Twain

"Lo único que hace añicos los sueños es el término medio"

Richard Bach

"No hay distancias cuando se tiene un motivo"

Jane Austen

"La derrota personal más profunda que sufren los seres humanos está constituida por la diferencia entre lo que uno es capaz de ser y lo que efectivamente es"
Ahsley Montagu

"Dentro de cada uno hay un gigante dormido. Suceden milagros cuando el gigante despierta"
Frederick Faust

"Ser lo que somos y llegar a ser lo que somos capaces de ser es la única finalidad de la vida"
Baruch Spinoza

"Tu visión sólo será clara cuando observes tu corazón. El que mira fuera, sueña. El que mira dentro, despierta"
Carl Gustav Jung

"No es verdad que la gente deja de perseguir sus sueños porque se hacen viejos, se hacen viejos porque dejan de perseguir sus sueños"
Gabriel García Márquez

"Trata de conseguir lo que te gusta o estarás obligado a que te guste lo que te dan"
George Bernard Shaw

"El ser humano no necesita una existencia tranquila, sino un desafío por el que desplegar sus capacidades y luchar"
Francesc Miralles

"Es mucho más importante tener una brújula apuntando a un objetivo concreto que tener un mapa"
Lab Joichi

"Es mucho mejor atreverse a hacer cosas grandes, a ganar triunfos gloriosos, inclusive si somos frenados por el fracaso, que estar al mismo nivel de esos pobres espíritus que no gozan mucho ni sufren mucho; porque viven en un crepúsculo gris que no conoce ni la victoria ni la derrota"
Theodore Roosevelt

"Algunos hombres observan el mundo y se preguntan "¿por qué?" Otros hombres observan el mundo y se preguntan "¿por qué no?"
George Bernard Shaw

"Tener sueños es gratis; pero cumplirlos, caro"
Raimon Samsó

"Los obstáculos llegan para que demuestres cuánto quieres lo que dices que quieres"
Raimon Samsó

*"La única diferencia entre un sueño y un objetivo,
es una fecha"*
Edmundo Hoffens

*"El mayor peligro no es que nuestras esperanzas sean
demasiado grandes y no logremos alcanzarlas,
sino que sean demasiado pequeñas y las alcancemos"*
Miguel Ángel

*"Un verdadero ideal tiene la virtud de alejarse de
nosotros conforme nos acercamos a él"*
León Tolstói

RELACIONES

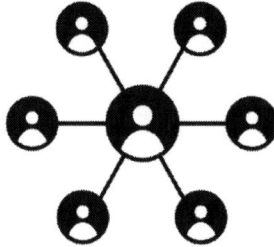

"El verdadero amigo es aquel que está a tu lado cuando preferiría estar en otra parte"

Len Wein

"Antes de embarcar en un viaje de venganza, cava dos tumbas"

Confucio

"El resentimiento es como beber veneno y esperar que mate a tus enemigos"

Nelson Mandela

"Si caminas solo llegarás más rápido. Si caminas acompañado llegarás más lejos"

Proverbio africano

*"Quien se infravalora
sólo está sobrevalorando a los demás"*
William Hazlitt

*"A ti te gusta todo el mundo,
o lo que es lo mismo,
no te importa nadie"*
Oscar Wilde

*"Quien es cruel con los animales
no puede ser buena persona"*
Schopenhauer

*"Estad juntos, pero no demasiado juntos.
Porque los pilares del templo están aparte.
Y, ni el roble crece bajo la sombra del ciprés
ni el ciprés bajo la del roble"*
Khalil Gibran

*"He visto más lejos que otros, y es así porque me he
apoyado sobre los hombros de gigantes"*
Newton

*"Todo lo que nos molesta en los demás nos puede
conducir a la comprensión de nosotros mismos"*
Carl Gustav Jung

*"El perdón es la fragancia que despide la violeta
en el talón que la aplasta"*
Mark Twain

*"Que cada uno barra la puerta de su casa
y el mundo entero estará limpio"*
Teresa de Calcuta

*"Porque la única gente que me interesa es la que está
loca, la gente que está loca por vivir, loca por hablar,
loca por salvarse, con ganas de todo al mismo tiempo,
la gente que nunca bosteza ni habla de
lugares comunes, sino que arde"*
Jack Kerouac

*"Dale a tus seres queridos alas para volar,
raíces para volver y razones para quedarse"*
Dalai Lama

*"Ofrecer amistad al que busca amor
es dar pan al que se muere de sed"*
Gabriel García Márquez

*"Me di cuenta que el poder invencible que ha movido el
mundo es el amor no correspondido, no el feliz"*
Gabriel García Márquez

*"Con el puño cerrado no se puede
intercambiar un apretón de manos"*
Indira Gandhi

*"A veces bailas con un compañero y a veces bailas solo.
Pero lo importante es seguir bailando"*
Jack Canfield

"Perdona a tus enemigos, pero no olvides sus nombres"
John F. Kennedy

*"La paciencia no es la habilidad de esperar,
sino la habilidad de mantener una buena actitud
mientras se espera"*
Joyce Meyer

*"Al final, no recordaremos las palabras de nuestros
enemigos, sino el silencio de nuestros amigos"*
Martin Luther King

*"Nunca sabréis quiénes son vuestros amigos
hasta que caigáis en la desgracia"*
Napoleón

*"Sólo hay una cosa peor en la vida que el hecho de que
hablen de ti y es que no hablen de ti"*
Oscar Wilde

"La gente a temer no son los que están en desacuerdo contigo, sino los que están en desacuerdo contigo y son demasiado cobardes para hacértelo saber"

Napoleón

"La envidia es una declaración de inferioridad"

Napoleón

"Perdona siempre a tus enemigos, nada les molesta tanto"

Oscar Wilde

"Cuanto más me arriesgo a ser rechazado, mejores mis oportunidades de ser aceptado"

Robert Kiyosaki

"Alcanzarás buena reputación esforzándote en ser lo que quieres parecer"

Sócrates

"Es fácil dar; es más difícil hacer que dar sea innecesario"

Henry Ford

"Debemos poner amor donde no hay amor y lo encontraremos"

Alejandro Jodorowsky

*"No puedes volar como un águila
si estás rodeado de pavos"*

Zig Ziglar

*"Dale a otra persona buena reputación para que pueda
vivir de acuerdo con ella"*

Dale Carnegie

*"No busques al amigo para matar las horas,
búscale con horas para vivir"*

Khalil Gibran

"El amigo de todo el mundo no es un amigo"

Aristóteles

*"¡Dios mío, líbrame de mis amigos!
De los enemigos ya me encargo yo"*

Voltaire

*"¿Cómo sabes que te quiere?
Porque conoce lo peor de mí y no le importa"*

Película: ¿Conoces a Joe Black?

"El amor es lo único que crece cuando se reparte"

Antoine de Saint-Exupéry

"Prueba a ser como dicen de ti tus aduladores"

Horacio

*"La gente no soporta a los bocazas,
pero siempre les escucha"*

Muhammad Ali

*"¿Acaso no destruimos a nuestros enemigos
cuando los hacemos amigos nuestros?"*

Lincoln

*"¡Triste época la nuestra! Es más fácil desintegrar un
átomo que un prejuicio"*

Einstein

*"Soy responsable de lo que digo,
no de lo que entiendes"*

Bob Marley

*"Exígete mucho a ti mismo y espera poco de los demás.
Así te ahorrarás disgustos"*

Confucio

SABIDURÍA

"El necio que reconoce serlo es muy sabio.
El necio que se cree un sabio es sin duda un necio"
Buda

"El sabio es como el agua, que beneficia a todos los seres
sin ser contenida por ninguno y sin pedir nada a cambio"
Lao Tsé

"Vende tu inteligencia y compra perplejidad"
Rumi

"Pensar es el trabajo más difícil que existe,
por eso, hay tan pocos que lo hagan"
Henry Ford

"Aquellos que no aprenden nada de los hechos desagradables de sus vidas fuerzan a la consciencia cósmica a que los reproduzca tantas veces como sea necesario para aprender lo que enseña el drama de lo sucedido. Lo que niegas, te somete. Lo que aceptas, te transforma"
Carl Gustav Jung

"El malo lo es por ignorancia y, por tanto, se cura de ello con la sabiduría"
Sócrates

"La ignorancia tiene el enojoso defecto de convencer a los que no son hermosos, ni buenos, ni sabios, de que poseen estas cualidades, y nadie desea las cosas de las que no se cree desprovisto"
Sócrates

"No hay nada repartido de modo más equitativo que la razón: todo el mundo está convencido de tener suficiente"
Descartes

"Saber que sabemos lo que sabemos y que no sabemos lo que no sabemos es el verdadero conocimiento"
Confucio

"Guarda el oro y guarda la plata, pero danos sabiduría"
Proverbio árabe

*"El sabio no dice todo lo que piensa,
pero siempre piensa todo lo que dice"*
Aristóteles

*"Peculiaridad del ignorante es responder antes de oír,
negar antes de comprender,
y afirmar sin saber de qué se trata"*
Miguel de Cervantes Saavedra

"Es mejor estar callado y parecer tonto,
que hablar y despejar todas las dudas"
Groucho Marx

*"La diferencia entre la estupidez y la genialidad,
es que la genialidad tiene sus límites"*
Albert Einstein

*"El principal problema de este mundo es que los tontos y
los fanáticos siempre están seguros de ellos mismos,
mientras que la gente inteligente anda llena de dudas"*
Bertrand Russell

*"El sabio hace de inmediato lo que
el tonto posterga indefinidamente"*
Baltasar Gracián

*"No hay nada más inútil que hacer con eficiencia
lo que nunca debió hacerse"*
Peter Drucker

*"Cuidado con los falsos conocimientos;
son más peligrosos que la ignorancia"*
George Bernard Shaw

"Nunca rompas el silencio si no es para mejorarlo"
Beethoven

*"Los sabios son los que buscan la sabiduría;
los necios piensan haberla encontrado ya"*
Napoleón

*"Un hombre que no piensa por sí mismo
no piensa en absoluto"*
Oscar Wilde

*"Cuando repites un error, ya no es un error,
es una decisión"*
Paulo Coelho

"Daría todo lo que sé por la mitad de lo que ignoro"
René Descartes

"Ayer era inteligente, por lo que quería cambiar el mundo. Hoy soy sabio, por lo que me quiero cambiar a mí mismo"
Rumi

"En el momento en que uno tiene la concepción de "experto" en mente, un gran número de cosas se vuelven imposibles"
Henry Ford

"Si lo que sabes no te cambia es que no lo sabes"
Raimon Samsó

"Cuando veáis un hombre sabio, pensad en igualar sus virtudes; cuando veáis un hombre desprovisto de virtud, examinaos vosotros mismos"
Confucio

"El más elevado tipo de hombre es el que obra antes de hablar, y practica lo que profesa"
Confucio

TRABAJO

"En general, los empleados trabajan lo mínimo necesario para no ser despedidos y los empresarios apenas les pagan lo suficiente para que no renuncien"
Borja Vilaseca

"Si tú no trabajas por tus sueños, alguien te contratará para que trabajes por los suyos"
Steve Jobs

"Tu trabajo es descubrir tu trabajo y luego entregarte a él con todo tu corazón"
Tagore

"Somos lo que hacemos día a día. De modo que la excelencia no es un acto, sino un hábito"
Stephen Covey

"El trabajo es el amor hecho visible. Y si no puedes trabajar con amor sino solo con repugnancia, es mejor que te vayas de tu trabajo y te sientes en la puerta del templo y consigas limosna de aquellos que trabajan con alegría. Porque si cueces pan con indiferencia, cueces un pan amargo que satisface solo la mitad del hambre. Y si lamentas aplastar las uvas, tu lamento destila un veneno en el vino"

Khalil Gibrán

"Haz tu trabajo con todo tu corazón y tendrás éxito, hay muy poca competencia"

Elbert Hubbart

"Tu trabajo va a llenar una gran parte de tu vida y la única forma de estar verdaderamente *satisfecho es hacer lo que tú creas que es un gran trabajo. La única forma de hacer un gran trabajo es amar lo que haces. Si aún no lo has encontrado, sigue buscando. No te conformes. Como todos los asuntos del corazón, tú sabrás cuando lo encuentres"*

Steve Jobs

"La inspiración viene cuando viene, pero cuando venga, que me encuentre trabajando"

Pablo Picasso

"Solo hay algo peor que formar a tus empleados y que se vayan: no formarlos y que se queden"
Henry Ford

"Cuanto más quiero hacer una cosa, menos lo llamo trabajo"
Richard Bach

"Antes que Steve Jobs vendiera su primer ordenador Apple, su padre le dijo que tuviera un trabajo normal con un salario como todo el mundo. Afortunadamente, no opto por el camino "normal"
David Valois

"Todo el mundo se queja de sus dolores y sus achaques y todo eso, pero mis amigos o están muertos o siguen trabajando"
Frederik Wiseman (cineasta de 86 años)

"Si todo el año fuese fiesta, divertirse sería más aburrido que trabajar"
William Shakespeare

VALENTÍA

"Al Universo le gustan los Valientes"
Daniel Zaragoza

"Cuando saltas aparece la red"
Julia Cameron

*"Un cobarde es incapaz de mostrar amor;
hacerlo está reservado para los valientes"*
Mahatma Gandhi

"Cambia la pregunta victimista del que ve todo malo:
¿Por qué yo? Por la pregunta que se hace un VALIENTE
ante cada reto: *¿Y ahora qué?*"
Daniel Zaragoza

"La suerte ayuda a los osados"
Virgilio

"Con coraje te atreverás a correr riesgos, tendrás la fortaleza de ser compasivo y la sabiduría para ser humilde. El coraje es el fundamento de la integridad"
Kesha Van Nair

"Los osados no viven para siempre, pero los tímidos no viven en absoluto"
Marco Polo

"Cuando aparece el verdadero desafío es cuando hay que elegir: las masas eligen lo fácil y seguro, el VALIENTE elige el lado de la balanza donde se cumplen sus sueños"
Daniel Zaragoza

"La VIDA es para los VALIENTES que no temen los riesgos, que los aceptan y los superan, que tienen la curiosidad, la ingenuidad y la confianza de un niño, que escogen la puerta estrecha y el camino angosto, que nada ni nadie les detiene y que están dispuestos a dar su vida por ser ellos mismos"
Daniel Zaragoza

"El verdadero VALIENTE es el que tiene FE en sí mismo y en la VIDA"
Daniel Zaragoza

"Todo lo que quieres está al otro lado del miedo"
Jack Canfield

"Empezar con un espíritu de aventura, de descubrimiento, de creatividad, requiere una enorme seguridad interior"
Stephen Covey

"Se dice que el cementerio está lleno de valientes, pero ¿qué es mejor?, ¿vivir una larga vida siendo un cordero o una corta y plena siendo un jaguar?"
Daniel Zaragoza

"Se trata más bien de robustez del corazón por encima de toda medida. La intrepidez es la primera exigencia de toda espiritualidad. Es imposible que un cobarde sea virtuoso"
Gandhi

"La adversidad tiene el don de despertar talentos que en la comodidad hubieran permanecido dormidos"
Horacio

"No nos falta el valor para emprender ciertas cosas porque sean difíciles, sino que son difíciles porque nos falta el valor para emprenderlas"
Séneca

"No hay persona, por cobarde que sea, que no se pueda convertir en un héroe por amor"
Platón

"El lugar donde viven tus mayores miedos es también el lugar donde reside tu mayor crecimiento"
Robin S. Sharma

"Los cobardes mueren muchas veces antes de sus muertes reales"
Julio César

"Nada grandioso fue jamás conseguido sin peligro"
Maquiavelo

"Un hombre no debería tener miedo a la muerte, debería tener miedo a no empezar nunca a vivir"
Marco Aurelio

"El miedo a la muerte viene del miedo a la vida. Un hombre que vive plenamente está preparado para morir en cualquier momento"
Mark Twain

"La necesidad es la madre de tomar riesgos"
Mark Twain

"El coraje no es tener la fuerza para seguir adelante, es seguir adelante cuando no tienes la fuerza"
Napoleón

"A menudo, en el mundo real, no son los inteligentes los que salen adelante, sino los audaces"
Robert Kiyosaki

"Prefiero morir de pasión que de aburrimiento"
Vincent Van Gogh

"Los cobardes y los prudentes viven más, pero todos mueren"
Sebastián Álvaro

"Lo contrario de vivir es no arriesgarse"
Sebastián Álvaro

"Es simplemente lo que les ocurre a aquellos que eligen vivir en lugar de simplemente sobrevivir, a aquellos que se rodean de gente que está intensamente viva, que dedica cada segundo de su vida amando la acción y teniendo sentimientos que florecen con cada uno de los instantes de esta plenitud"
Simone Moro (tras conocer la muerte de Ueli Steck en el Himalaya)

"Sólo aquellos que se arriesguen a ir demasiado lejos podrán posiblemente descubrir cuán lejos pueden llegar"
T. S. Eliot

"El futuro tiene muchos nombres:
Para los débiles, es lo inalcanzable.
Para los temerosos, lo desconocido.
Para los valientes, es la oportunidad"

Víctor Hugo

"Quien no quiere pensar, es un fanático;
quien no puede pensar, es un idiota;
quien no osa pensar, es un cobarde"

Francis Bacon

VIAJES

"Un viaje de mil millas comienza con un primer paso"
Lao Tsé

"Si atraviesas el infierno, no pares"
Winston Churchill

"Cuanto más viajo, más me gusta España"
Daniel Zaragoza

"Lo mejor del viaje fue quedarnos sin dinero. Desde entonces la necesidad nos hizo abrirnos mucho más a la gente y ella nos abrió sus puertas. Jamás habría imaginado vender artesanías, pintar, escribir... ¡Tantos aprendizajes y enseñanzas inesperados a partir de necesidades de inmediata solución!"
Atrapa tu sueño

"Los tesoros se encuentran fuera de casa"
Anxo Pérez

"La aventura no es más que mala planificación"
Roald Amundsen

"El viajero feliz no tiene el propósito de llegar"
Tao

"No cesaremos en la exploración. Y el fin de todo nuestro explorar, será llegar a donde comenzamos y conocer el lugar por primera vez"
T. S. Eliot

"Cuando uno viaja, también viaja con uno el universo"
Mario Benedetti

"Al mismo tiempo que ansiamos explorarlo y comprenderlo todo, necesitamos que todo sea misterioso e insondable"
Thoreau

"Quien nunca ha salido de su país está lleno de prejuicios"
Carlo Goldoni

VIDA SENCILLA

*"Lo único que realmente posees
es lo que no perderías en un naufragio"*
Dicho sufí

"Lo que posees te posee"
Tyler Durden

*"La felicidad es querer lo que se tiene
y no querer lo que no se tiene"*
Anónimo

"Necesito poco, y lo poco que necesito, lo necesito poco"
San Agustín

"La vida se trata de trascendencia, no de transacciones"
Sadhguru

*"Si con todo lo que tienes no eres feliz,
con todo lo que te falta tampoco lo serás"*
Erich Fromm

*"Gastamos dinero que no tenemos,
en cosas que no necesitamos,
para impresionar a gente a la que no le importamos"*
Will Smith

*"El sabio se esfuerza para satisfacer las necesidades, no
para acumular cosas, abandona lo superficial y se
concentra en lo primordial"*
Lao Tsé

*"La riqueza consiste mucho más en el disfrute
que en la posesión"*
Aristóteles

*"El primer ladrón de la historia
fue aquel que dijo esto es mío"*
Milton Narváez

*"En la Tierra hay suficiente para satisfacer las necesidades
de todos, pero no tanto como para
satisfacer la avaricia de algunos"*
Gandhi

"Vive sencillamente para que otros puedan simplemente vivir"
Teresa de Calcuta

"La influencia desastrosa de la vida urbana convierte a los hombres en algo distinto de lo que deberían ser y les confiere un ser nuevo, pero artificial"
Rousseau

"Una de las pocas leyes rigurosas de la historia es que los lujos tienden a convertirse en necesidades y a generar nuevas obligaciones. Una vez que la gente se acostumbra a un nuevo lujo, lo da por sentado. Después empiezan a contar con él. Finalmente llegan a un punto en el que no pueden vivir sin él"
Yuval Noah Harari

"Tenemos que volver a la naturaleza, porque la naturaleza es buena y el hombre es bueno por naturaleza. El mal está en la sociedad"
Rousseau

"La pobreza no viene por la disminución de las riquezas, sino por la multiplicación de los deseos"
Platón

"Cuando uno se deshace de todo lo que posee, pasa, en realidad, a poseer todos los tesoros del mundo"
Gandhi

"Lo innecesario, aunque cueste solo un céntimo, es caro"
Séneca

"Se necesita un mínimo de bienestar y de confort. Pero, una vez pasado ese límite, todo lo que debería servir para ayudarnos se convierte en fuente de malestar. Empeñarse en crear un número ilimitado de necesidades para satisfacerlas a continuación, es lo mismo que ponerse a perseguir el viento"
Gandhi

"Cuanto más ligero, más libre; cuanto más libre, más cerca de la Verdad"
Daniel Zaragoza

"Un hombre es rico por el número de cosas que puede permitirse dejar en paz"
Thoreau

"No hay mayor equivocación que consumir la mayor parte de la vida en ganarse el sustento"
Thoreau

"Sólo cuando el último árbol esté muerto, el último río envenenado y el último pez atrapado, nos daremos cuenta de que el dinero no se puede comer"

Toro Sentado

"Tenemos que volver a la naturaleza, porque la naturaleza es buena y el hombre es bueno por naturaleza"

Rosseau

"Nadie se ha preocupado por sus cuentas bancarias en su lecho de muerte"

Joyce Meyer

"Si realmente amas la naturaleza, encontrarás la belleza en todas partes"

Vincent Van Gogh

"La civilización, en el verdadero sentido de la palabra, no consiste en multiplicar las necesidades, sino el limitarlas voluntariamente. Ese es el único medio de conocer la verdadera felicidad y de hacernos disponibles a los demás"

Gandhi

"Cuando ya no tenemos nada aprendemos que nada nos hace falta"

Amado Nervo

"Sólo entre los hombres se siente uno proscrito, rechazado, ignorado, condenado, vencido. Sólo en la montaña o el campo, el desierto o el bosque, se siente vivir plenamente"

Sebastián Álvaro

"En una época en que todo está cada vez más previsto, programado y organizado, poder extraviarse pronto será una delicia y un lujo excepcional"

Gaston Rébuffat

"La influencia desastrosa de la vida urbana convierte a los hombres en algo distinto de lo que deberían ser y les confiere un ser nuevo, pero artificial"

Rousseau

"Los hombres no han sido creados para agruparse en hormigueros, sino para esparcirse sobre la tierra que deben cultivar. De todos los animales, el hombre es el que menos capacidad tiene para vivir en rebaños"

Rousseau

"La simplicidad es la clave de la brillantez"

Bruce Lee

*"Sin haber conocido la miseria
es imposible valorar el lujo"*

Charles Chaplin

*"En lugar de preguntar adónde irás las próximas
vacaciones, quizá deberías plantearte una vida de la que
no fuera necesario escaparse"*

Seth Godin

VOLUNTAD

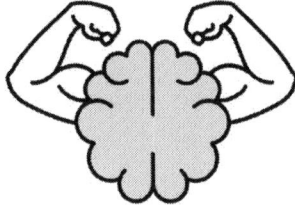

"Hay una fuerza motriz más poderosa que el vapor,
la electricidad y la energía atómica: la voluntad"
Albert Einstein

"He conocido a gente con inteligencia que ha fracasado, a
gente con dinero que ha fracasado, pero no he conocido a
gente con determinación que haya fracasado"
Anxo Pérez

"La excelencia moral es resultado del hábito.
Nos volvemos justos realizando actos de justicia;
templados, realizando actos de templanza;
valientes, realizando actos de valentía"
Aristóteles

"Si sólo haces lo que puedes hacer, no harás mucho"
Tom Krause

"Cae siete veces, levántate ocho"
Proverbio japonés

"Las personas de éxito triunfaron no porque hicieron cosas cuando el momento era el más adecuado, sino porque las hicieron a pesar de no serlo"
Anxo Pérez

"Lo puedes hacer todo en la vida, pero no al mismo tiempo"
Oprah Winfrey

"¿Circunstancias? ¿qué circunstancias? ¡Yo soy las circunstancias!"
Napoleón

"Como no sabían que era imposible, lo hicieron"
Jean Cocteau

"No fracasé, solo descubrí 999 maneras de cómo no hacer una bombilla"
Edison

"La fe es dar el primer paso, incluso cuando no ves la escalera entera. Si no puedes volar, corre; si no puedes correr, camina; si no puedes caminar, arrástrate, pero hagas lo que hagas, tienes que seguir hacia delante"

Martin Luther King

"En mi corazón tengo la certeza de que no existen metas regaladas"

Bonatti

"Los recursos de los hombres en presencia de la muerte son inagotables, pero es preciso tener la voluntad de utilizarlos"

Maurice Herzog

"Cuando traspasas la barrera de lo probable, se puede conseguir lo imposible"

Daniel Zaragoza

Otros libros del autor:

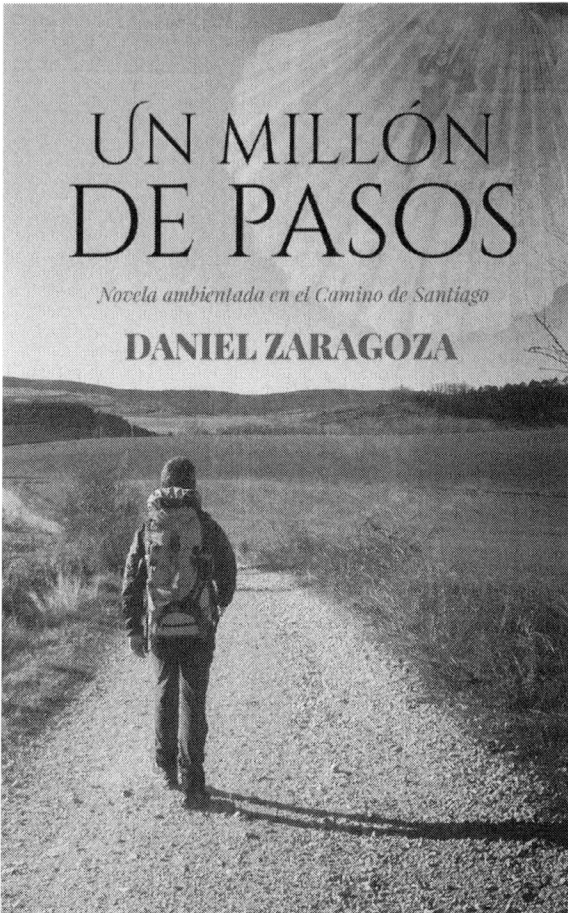

UN MILLÓN DE PASOS

Novela ambientada en el Camino de Santiago

DANIEL ZARAGOZA

Una novela ambientada en el Camino de Santiago y que muestra cómo lo viven los peregrinos y les cambia la vida.

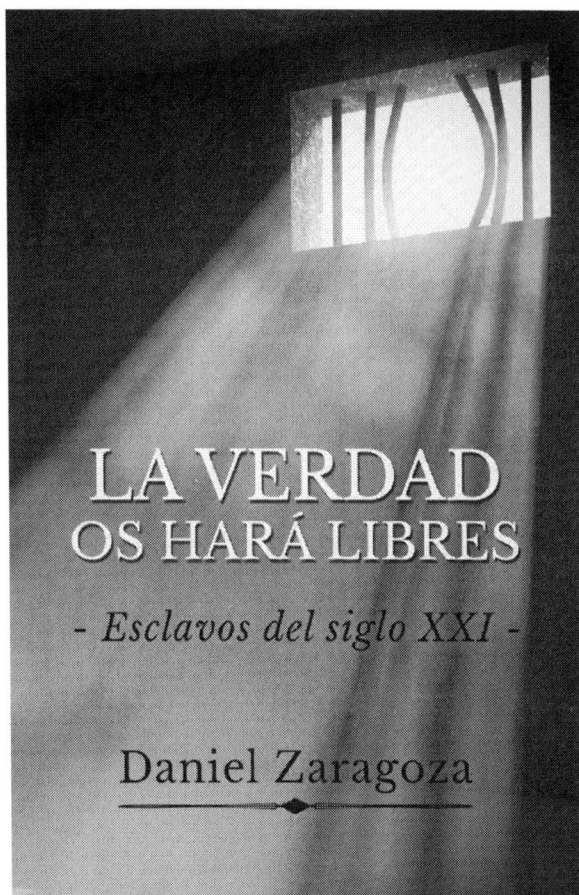

LA VERDAD OS HARÁ LIBRES
- Esclavos del siglo XXI -

Daniel Zaragoza

Un ensayo donde se cuestionan muchas de las verdades que nos han sido impuestas por el sistema y se analizan los condicionamientos, manipulaciones e injusticias a las que nos vemos sometidos.

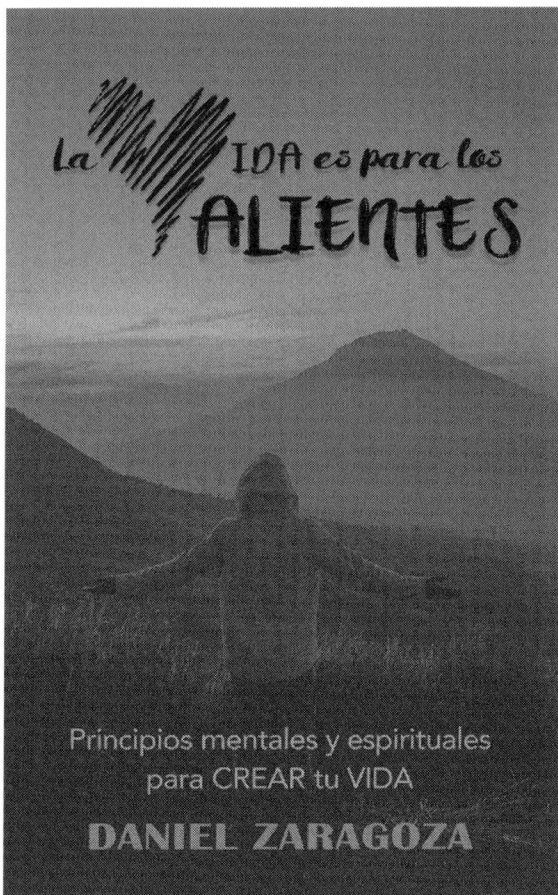

La VIDA es para los VALIENTES

Principios mentales y espirituales para CREAR tu VIDA

DANIEL ZARAGOZA

La vida es para todos, pero la VIDA con mayúsculas es para los VALIENTES.

¡Gracias por llegar hasta el final!

Si te ha gustado este libro, si las frases recopiladas te han ayudado y te han aportado algo... Por favor, deja tu valoración y tu comentario en Amazon, porque con ello, ayudarás a que llegue a más gente.
Muchas gracias.

Si quieres seguirme y estar informado de los viajes, libros y enseñanzas que comparto, lo puedes hacer en:

www.danielzaragoza.com

Printed by Amazon Italia Logistica S.r.l.
Torrazza Piemonte (TO), Italy

48555791R00061